GESTÃO DESCOMPLICADA

O GUIA DO EMPREENDEDOR PARA NEGÓCIOS AUTOGERENCIÁVEIS

Como sair da operação e construir equipes vencedoras

CLAUDIO PINHO JUNIOR

Claudio Pinho Junior

GESTÃO DESCOMPLICADA:
O GUIA DO EMPREENDEDOR PARA NEGÓCIOS AUTOGERENCIÁVEIS

Coordenação editorial:
Gilson Mello

Projeto gráfico:
Flórida Business Academy

Correção, revisão e copidesque:
Fabiana Mello

Direção Geral:
Gilson Mello

Todos os direitos reservados e protegidos pela Lei nº 9.610, de 19/02/1998.

É expressamente proibida a reprodução total ou parcial deste livro, por quaisquer meios (eletrônicos, mecânicos, fotográficos, gravação e outros), sem prévia autorização por escrito da editora.

Primeira edição 2024

Dados Internacionais de Catalogação na Publicação (CIP)
Pinho Junior, Claudio
Gestão descomplicada:
O guia do empreendedor para negócios autogerenciáveis
Claudio Pinho Junior; Orlando-FL: Flórida Business Academy
Negócios, 2024.
146 p.
ISBN: 9798342861519
1. Negócios 2. Realização pessoal. 3. Sucesso

Sumário

Prefácio --- 5

Introdução --- 11

Capítulo 1:

Arquitetando seu Negócio Autogerenciável --------------- 17

Capítulo 2:

O Poder dos Processos Eficientes --------------------------------- 27

Capítulo 3:

A Arte da Delegação Eficaz ------------------------------------ 37

Capítulo 4:

Automatizando para o Sucesso -------------------------------- 47

Capítulo 5:

Medindo o Sucesso: KPIs que Importam ---------------------- 57

Capítulo 6:

Liderança à Distância ---67

Capítulo 7:

Cultivando a Autonomia na Equipe ------------------------------- 77

Capítulo 8:

Montando um Time de Campeões ------------------------------ 87

Capítulo 9:

Domínio do Tempo para Líderes --------------------------------- 97

Capítulo 10:

Agilidade nos Negócios -- 107

Capítulo 11:

Comunicação que Transforma --------------------------------- 117

Capítulo 12:

O Futuro é Agora: Mantendo-se à Frente --------------------- 127

Conclusão --- 137

Claudio Pinho Junior

Quando comecei minha jornada no empreendedorismo, eu tinha grandes sonhos e aspirações, mas também enfrentava uma série de desafios que, à primeira vista, pareciam intransponíveis. Ao longo dos meus mais de 28 anos no mundo dos negócios, tive a oportunidade de aprender com cada sucesso e, principalmente, com cada erro. Conduzir negócios no Brasil e nos Estados Unidos, em diferentes setores, me mostrou que a chave para uma empresa próspera e sustentável é a capacidade de funcionar de forma independente, com uma equipe engajada e processos bem definidos.

Este livro, "Gestão Descomplicada: O Guia do Empreendedor para Negócios Autogerenciáveis", nasce da minha própria experiência em construir empresas que vão além de mim como fundador. Desde a criação de negócios como o Cenetram Centro de Educação de

Trânsito Ltda, o Centro de Formação de Condutores Vitória Ltda, e a LC Auto Group LLC, compreendi que a verdadeira liberdade empresarial vem quando o negócio é capaz de operar com autonomia, sem depender exclusivamente do empreendedor para cada decisão ou ação.

Com a experiência acumulada, percebi que muitos empreendedores vivem em um ciclo constante de resolver problemas e apagar incêndios. Isso leva ao esgotamento e impede que dediquem tempo ao crescimento estratégico e à inovação. Acredito que, com uma gestão simplificada e bem estruturada, é possível transformar essa realidade e criar empresas que sejam autossustentáveis e prósperas a longo prazo.

Minha intenção com este livro é compartilhar as lições aprendidas ao longo da minha trajetória, mostrar que a gestão pode ser simplificada e ajudar outros empreendedores a construir negócios que funcionem de forma autônoma. Acredito que, com as ferramentas e estratégias certas, você pode transformar seu negócio e sua vida, alcançando a liberdade que sempre buscou.

Claudio Pinho Junior

Introdução

A Jornada para a Liberdade Empresarial

Claudio Pinho Junior

Quando se pensa em empreender, a primeira imagem que vem à mente é a de liberdade: a capacidade de controlar o próprio destino, definir horários e tomar decisões com autonomia. No entanto, para muitos empreendedores, a realidade acaba sendo uma rotina exaustiva, na qual tudo parece depender exclusivamente deles. Isso não precisa ser assim. Ao longo da minha carreira, descobri que o caminho para a verdadeira liberdade empresarial é a construção de negócios autogerenciáveis, nos quais processos claros, uma equipe capacitada e uma cultura sólida permitem que a empresa funcione independentemente.

Um negócio autogerenciável é aquele que continua a operar com sucesso, mesmo quando o fundador não está presente em cada detalhe. Isso significa capacitar sua equipe para tomar decisões, estabelecer sistemas de gestão eficazes e criar uma cultura organizacional que valorize a autonomia e a responsabilidade. Quando a empresa se torna menos dependente do empreendedor, este pode se dedicar ao que realmente importa: inovar, explorar novas oportunidades de crescimento e, por que não, aproveitar mais momentos com a família e amigos.

Escrevi este livro porque acredito que muitos empreendedores estão presos em uma rotina onde são constantemente sugados pelas demandas operacionais. Essa é uma realidade que pode ser mudada. Ao longo da minha trajetória, consegui transformar meus negócios de forma que se tornassem menos dependentes de mim, o que não apenas reduziu a carga de trabalho, mas também trouxe crescimento e sustentabilidade para as empresas.

Com este guia, quero mostrar que é possível estruturar um negócio que funcione de forma autônoma e, ao mesmo tempo, seja capaz de crescer de maneira sustentável. As práticas que compartilho aqui são fruto de anos de experiência em diferentes setores, desde a educação de trânsito até o comércio automotivo, e representam estratégias que realmente funcionam. Este livro não é apenas um manual teórico; ele traz uma abordagem prática que pode ser aplicada imediatamente para transformar a gestão do seu negócio.

Este guia foi estruturado para ser uma ferramenta prática e direta. Cada capítulo aborda um aspecto fundamental da construção de um negócio autogerenciável, com exemplos reais, dicas práticas e exercícios que você pode aplicar na sua empresa. A leitura não precisa ser linear; você pode começar pelo tema que mais se encaixa na sua necessidade atual e aplicar as orientações diretamente no seu negócio.

A ideia é que você use este livro como um recurso para transformar a maneira como gere sua empresa, tornando-a mais eficiente e menos dependente de você. À medida que colocar em prática as estratégias aqui apresentadas, você verá que é possível alcançar um novo nível de liberdade empresarial e aproveitar melhor os frutos do seu trabalho.

Convido você a se engajar nessa jornada, a transformar seu negócio e a descobrir que é possível simplificar a gestão, sem perder de vista a excelência e o crescimento sustentável.

Capítulo 1

Arquitetando seu Negócio Autogerenciável

Claudio Pinho Junior

"*A melhor maneira de prever o futuro é criá-lo.*" - *Peter Drucker*

O sonho de muitos empreendedores é ter um negócio que funcione de forma autônoma, permitindo que dediquem seu tempo à inovação, à expansão e, é claro, à qualidade de vida. No entanto, a realidade de muitos é justamente o oposto: uma rotina em que se encontram presos na operação diária, lidando com problemas emergenciais e atividades que consomem grande parte do seu tempo e energia. Este capítulo é sobre como quebrar esse ciclo e arquitetar uma empresa que seja capaz de funcionar de forma independente, com processos claros e uma equipe capacitada para assumir responsabilidades.

Empreendedores Presos na Operação Diária

Muitos empreendedores começam seus negócios com entusiasmo e uma visão de liberdade, mas acabam se tornando os principais responsáveis por todos os aspectos operacionais, desde o atendimento ao cliente até a gestão financeira. Isso cria uma situação onde o negócio depende exclusivamente do dono para funcionar, tornando-se vulnerável e limitando seu potencial de crescimento. A operação diária se torna um ciclo vicioso, onde se gasta tanto tempo "apagando incêndios" que não sobra tempo para pensar estrategicamente ou investir em inovação.

Eu mesmo passei por essa situação. No início, achava que para o negócio prosperar eu precisava estar envolvido em cada detalhe, mas isso só aumentava meu nível de estresse e impedia que eu expandisse minhas empresas. Foi apenas quando comecei a implementar práticas para que o negócio funcionasse sem mim que consegui quebrar esse ciclo e construir empresas que cresceram de forma sustentável.

Definindo uma Visão Clara para o Negócio Autogerenciável

Para começar a arquitetar um negócio autogerenciável, o primeiro passo é ter uma visão clara de como essa empresa ideal deve funcionar. Pergunte a si mesmo: Se eu pudesse me ausentar por três meses, o que precisaria estar funcionando perfeitamente para que o negócio continuasse crescendo sem mim? Essa reflexão ajuda a identificar os aspectos críticos que precisam ser automatizados ou delegados.

Minha experiência me mostrou que a definição de uma visão clara é fundamental para orientar a transição do modelo atual para um modelo autogerenciável. Essa visão não é apenas um objetivo abstrato, mas sim um direcionamento que guia as ações, as decisões e o desenvolvimento de processos internos.

Pense nos principais pilares do seu negócio, como operações, atendimento ao cliente, marketing, vendas e finanças. Imagine como cada um desses setores funcionaria idealmente sem a sua supervisão direta. Essa clareza é o ponto de partida para planejar as mudanças necessárias e começar a arquitetar os processos e sistemas que tornarão o negócio mais independente.

Identificando Processos-Chave para Automação

Com a visão estabelecida, é hora de analisar as operações diárias e identificar os processos-chave que podem ser automatizados ou simplificados. A automação não significa eliminar a supervisão ou deixar de lado o toque humano, mas sim reduzir o tempo gasto em tarefas repetitivas e administrativas para que você e sua equipe possam se concentrar em atividades estratégicas.

Exemplos de processos que podem ser automatizados incluem:

Gestão financeira: Usar software de contabilidade para automatizar a geração de relatórios, faturamento e controle de fluxo de caixa.

Marketing digital: Implementar ferramentas de automação para agendamento de postagens nas redes sociais e campanhas de e-mail marketing.

Atendimento ao cliente: Utilizar chatbots para responder a perguntas comuns e ferramentas de CRM para gerenciar o relacionamento com os clientes.

Ao automatizar essas tarefas, você reduz a carga de trabalho manual e aumenta a eficiência, criando mais espaço para a inovação e o crescimento.

Criando um Plano de Transição

A criação de um negócio autogerenciável não acontece de um dia para o outro. É necessário um plano de transição que inclua etapas para a implementação gradual de mudanças. Um plano de transição eficaz deve considerar os seguintes pontos:

Priorizar os processos críticos: Identifique as áreas que mais consomem seu tempo e energia e comece a trabalhar nessas questões. Por exemplo, se a gestão financeira ocupa boa parte do seu dia, essa pode ser uma área prioritária para implementar soluções de automação.

Delegar responsabilidades: Capacite sua equipe para assumir funções que antes eram de sua responsabilidade. Para isso, invista em treinamento e forneça as ferramentas necessárias para que possam desempenhar suas tarefas com autonomia e segurança.

Acompanhar e ajustar: Estabeleça indicadores de desempenho que permitam monitorar o progresso das mudanças e faça ajustes conforme necessário. Transição é um processo contínuo, e o feedback da equipe e dos clientes é essencial para garantir que as novas práticas estejam gerando os resultados esperados.

Ao implementar esse plano de forma consistente, você estará dando os primeiros passos para transformar seu negócio em uma empresa autogerenciável.

Exercício Prático: Começando a Arquitetar Seu Negócio Autogerenciável

1. Defina sua Visão: Escreva em uma folha ou documento digital como você gostaria que seu negócio funcionasse sem a sua intervenção direta. Identifique as áreas críticas e os resultados esperados para cada uma.

2. Identifique Três Processos para Automação ou Delegação: Liste três atividades que consomem muito do seu tempo e que podem ser automatizadas ou delegadas para a equipe. Anote como essa mudança poderia ser implementada.

3. Desenvolva um Plano de Ação: Crie um plano simples para implementar as mudanças identificadas. Estabeleça metas para os próximos três meses, definindo tarefas semanais que levem ao progresso contínuo.

Claudio Pinho Junior

Capítulo 2

O Poder dos Processos Eficientes

"O segredo do sucesso é a constância do propósito." -
Benjamin Disraeli

Para que uma empresa se torne autogerenciável, é essencial que seus processos sejam eficientes e consistentes. Processos mal definidos geram problemas como retrabalho, desperdício de recursos e baixa produtividade, dificultando a escalabilidade do negócio. Empresas que enfrentam esses desafios frequentemente encontram obstáculos para manter a qualidade e a eficiência à medida que crescem. Neste capítulo, discutiremos como mapear os processos existentes, identificar e eliminar gargalos, e padronizar as operações para alcançar a eficiência operacional necessária para um negócio autossustentável.

Processos Inconsistentes e Ineficientes

Um dos maiores obstáculos para a eficiência empresarial é a falta de consistência nos processos internos. Quando diferentes membros da equipe realizam a mesma tarefa de maneiras distintas, o resultado é variação na qualidade do serviço, erros frequentes e operações mais lentas. Processos inconsistentes afetam negativamente a experiência do cliente, além de limitar a capacidade da empresa de crescer e se adaptar a novas demandas. Sem padrões claros, o negócio acaba dependendo excessivamente de práticas improvisadas e, com isso, perde a oportunidade de otimizar e simplificar suas operações.

Mapeamento de Processos Existentes

Para melhorar a eficiência dos processos, o primeiro passo é mapeá-los. O mapeamento de processos consiste em representar visualmente todas as etapas de uma atividade ou fluxo de trabalho, detalhando as tarefas realizadas, os responsáveis por cada etapa e os recursos necessários. Essa prática ajuda a visualizar o fluxo de trabalho como um todo, facilitando a identificação de problemas e ineficiências.

Para começar, escolha um processo que impacte diretamente a operação da empresa, como o atendimento ao cliente, o gerenciamento de pedidos ou a administração financeira. Ao mapear as etapas, é importante especificar quem realiza cada tarefa, quais ferramentas são utilizadas e quais são os pontos de decisão que podem influenciar o andamento do processo. Esse exercício inicial de mapeamento permite ter uma visão clara das operações e identificar as áreas que necessitam de melhorias.

Identificação e Eliminação de Gargalos

Com o mapeamento dos processos em mãos, o próximo passo é localizar os gargalos, ou seja, os pontos que causam atrasos, retrabalho ou consomem recursos de forma ineficiente. Identificar esses gargalos é essencial para direcionar os esforços de otimização, pois essas etapas costumam ser os maiores responsáveis pela lentidão e inconsistência nos processos.

Para identificar os gargalos, faça as seguintes perguntas:

- Quais etapas do processo são mais demoradas?
- Existe dependência de aprovações manuais que poderiam ser simplificadas ou automatizadas?
- Em quais pontos ocorrem os erros com maior frequência?
- Há atividades que exigem retrabalho frequente ou a repetição de tarefas?

Uma vez identificados os gargalos, pense em maneiras de reduzi-los ou eliminá-los. Isso pode ser feito por meio da automação de tarefas rotineiras, da redistribuição de responsabilidades ou da simplificação das etapas que não agregam valor ao processo. A eliminação de gargalos ajuda a liberar tempo e recursos que podem ser investidos em atividades estratégicas.

Padronização e Documentação de Processos

Após eliminar os gargalos e simplificar o fluxo de trabalho, é hora de padronizar os processos. A padronização consiste em definir práticas e métodos consistentes para a execução das tarefas, de forma que toda a equipe siga as mesmas diretrizes. Isso garante que os resultados sejam previsíveis e de alta qualidade, independentemente de quem esteja executando a atividade.

A documentação dos processos padronizados é crucial para garantir que a equipe tenha um guia de referência para realizar as tarefas. Isso pode incluir manuais, checklists e fluxogramas que descrevem cada etapa do processo e os recursos necessários. A documentação facilita o treinamento de novos funcionários e serve como um recurso para a equipe, assegurando que todos sigam os mesmos procedimentos.

Padronizar e documentar os processos também é essencial para a escalabilidade do negócio, permitindo que a empresa cresça sem perder a consistência e a qualidade nos seus serviços ou produtos. Um processo bem documentado ajuda a manter a eficiência operacional e proporciona uma base sólida para a melhoria contínua.

Exercício Prático: Otimizando Seus Processos

1. Mapeie um Processo Crítico: Escolha um processo relevante para o negócio, como vendas, atendimento ao cliente ou logística. Desenhe um fluxograma que represente cada etapa, identificando quem realiza cada tarefa, quais ferramentas são utilizadas e onde estão os pontos críticos.

2. Identifique Gargalos e Sugira Melhorias: Analise o mapeamento e identifique os gargalos que estão causando atrasos ou ineficiências. Descreva cada gargalo e sugira ao menos uma solução para resolvê-lo.

3. Crie um Documento Padrão para o Processo: Com as melhorias propostas, desenvolva um

documento que padronize o processo. Inclua diretrizes detalhadas sobre como realizar cada etapa, quais ferramentas utilizar e melhores práticas para garantir eficiência.

Capítulo 3

A Arte da Delegação Eficaz

Claudio Pinho Junior

"Nenhum homem irá fazer uma grande empresa que queira fazer tudo sozinho ou obter todo o crédito." - Andrew Carnegie

A delegação eficaz é uma habilidade essencial para qualquer empreendedor que deseja construir um negócio autogerenciável. Quando as responsabilidades não são distribuídas de forma adequada, o empresário acaba sobrecarregado e preso a tarefas operacionais, o que dificulta o crescimento e impede o foco em estratégias de longo prazo. Delegar não é apenas transferir tarefas para outras pessoas, mas sim confiar na equipe para assumir responsabilidades e tomar decisões que contribuem para o sucesso do negócio.

Neste capítulo, exploraremos como identificar tarefas que podem ser delegadas, desenvolver uma estrutura eficiente para a delegação e superar o medo de perder o controle ao transferir responsabilidades para outras pessoas.

Dificuldade em Delegar Responsabilidades

Uma das maiores barreiras para a delegação eficaz é a dificuldade de confiar que outras pessoas possam realizar certas tarefas com a mesma qualidade e atenção aos detalhes que o próprio empreendedor. Isso muitas vezes leva ao microgerenciamento, onde o empresário tenta supervisionar todas as atividades de perto, sobrecarregando-se e limitando a autonomia da equipe. Essa abordagem não só esgota o empreendedor, mas também inibe o desenvolvimento dos colaboradores, que acabam sem oportunidades para crescer e assumir novos desafios.

Superar essa dificuldade é fundamental para construir uma empresa que opere de forma autônoma e eficiente. Delegar corretamente pode liberar tempo e energia para que o empreendedor se concentre em iniciativas estratégicas e no crescimento do negócio.

Identificando Tarefas Delegáveis

O primeiro passo para delegar eficazmente é identificar as tarefas que podem ser transferidas para outras pessoas. Essas tarefas geralmente incluem atividades repetitivas, administrativas ou operacionais, que ocupam grande parte do tempo e não exigem necessariamente a intervenção do empreendedor. Para determinar quais tarefas são delegáveis, considere os seguintes critérios:

Frequência: Tarefas recorrentes e rotineiras são ideais para delegação, pois podem ser realizadas com um treinamento adequado e com o uso de procedimentos bem definidos.

Complexidade: Atividades que não exigem habilidades especializadas ou conhecimento profundo do negócio são facilmente delegáveis. Mesmo tarefas mais complexas podem ser delegadas, desde que o colaborador receba o treinamento necessário.

Impacto estratégico: Se a tarefa não tem impacto significativo nas decisões estratégicas do negócio, é um forte candidato para delegação. O empreendedor deve concentrar seus esforços em atividades que realmente agregam valor à empresa.

Uma lista de tarefas que preenchem esses critérios pode ser um ponto de partida para começar a distribuir responsabilidades e aliviar a carga de trabalho.

Desenvolvendo uma Estrutura de Delegação

Para que a delegação seja eficaz, é necessário desenvolver uma estrutura bem definida que garanta que as responsabilidades sejam transferidas de forma clara e que os colaboradores tenham as ferramentas e o conhecimento necessários para desempenhá-las. Essa estrutura deve incluir:

Definição de Funções e Responsabilidades: Estabeleça claramente quem é responsável por quais tarefas e certifique-se de que todos os membros da equipe entendam suas funções. Isso ajuda a evitar sobreposição de atividades e garante que cada colaborador saiba o que se espera dele.

Criação de Procedimentos Padrão: Documente os processos para que os colaboradores possam seguir instruções claras sobre como realizar as tarefas delegadas. Isso facilita o treinamento e reduz a margem de erro.

Estabelecimento de Prazos e Metas: Ao delegar uma tarefa, defina prazos realistas e metas que permitam medir o desempenho. Isso oferece um parâmetro claro para avaliar se a tarefa foi executada com sucesso.

Feedback e Ajustes: Monitore o desempenho da equipe e forneça feedback regularmente. Isso é importante para ajustar a abordagem e garantir que as expectativas estejam sendo atendidas. A delegação não deve ser um processo estático; é preciso adaptá-lo com base nas necessidades e no desempenho.

Superando o Medo de Perder o Controle

O medo de perder o controle é um dos principais motivos pelos quais muitos empreendedores evitam delegar. Para superar esse receio, é fundamental mudar a mentalidade em relação à delegação, enxergando-a como uma oportunidade para desenvolver e capacitar a equipe, em vez de um risco de perder o controle sobre o negócio.

Aqui estão algumas estratégias para superar esse medo:

Comece aos Poucos: Delegue pequenas tarefas inicialmente e aumente gradualmente a complexidade das responsabilidades transferidas, à medida que você e sua equipe se sentirem mais confortáveis.

Confie no Processo: Lembre-se de que a estrutura de delegação foi desenvolvida para garantir que as tarefas sejam realizadas de acordo com padrões definidos. Confie que, com o treinamento adequado e procedimentos claros, a equipe será capaz de cumprir as expectativas.

Aceite que Erros Podem Acontecer: Erros fazem parte do processo de aprendizado. É importante ver os erros como oportunidades de aprendizado e ajustar os procedimentos conforme necessário.

Ao seguir essas estratégias, a delegação se torna mais natural e os benefícios de ter uma equipe mais capacitada e autônoma se tornam evidentes.

Exercício Prático: Implementando a Delegação Eficaz

1. Identifique Três Tarefas para Delegar: Faça uma lista de três atividades que ocupam muito do seu tempo e que podem ser delegadas para um

colaborador. Anote o motivo pelo qual cada tarefa é delegável.

2. Desenvolva um Plano de Delegação para Cada Tarefa: Para cada tarefa identificada, crie um plano de delegação que inclua quem será responsável, como a tarefa será realizada (instruções ou procedimentos), prazos para a execução e métricas de desempenho.

3. Monitore e Ajuste: Após delegar as tarefas, monitore o progresso e forneça feedback à equipe. Se necessário, ajuste as instruções e procedimentos para melhorar a execução.

Capítulo 4

Automatizando para o Sucesso

Claudio Pinho Junior

"A tecnologia é apenas uma ferramenta. Para que as crianças trabalhem bem juntas, o importante é a motivação." - Bill Gates

A automação é uma das formas mais eficazes de reduzir o tempo e os recursos gastos em processos manuais. Quando as tarefas repetitivas e administrativas são executadas manualmente, a eficiência do negócio é comprometida, e a equipe perde tempo que poderia ser dedicado a atividades estratégicas e de alto valor agregado. A automação de processos permite que a empresa funcione de forma mais ágil e escalável, eliminando a necessidade de intervenções manuais e reduzindo a margem de erro.

Processos Manuais Consumindo Tempo e Recursos

Processos manuais não apenas consomem tempo, mas também são propensos a erros humanos. À medida que a empresa cresce, a dependência de procedimentos manuais se torna cada vez mais prejudicial, resultando em atrasos e uma demanda crescente por recursos para lidar com tarefas operacionais. Além disso, processos que não são automatizados dificultam o monitoramento e a medição de desempenho, já que a coleta e análise de dados se tornam mais complexas e demoradas.

Superar esses desafios requer a adoção de tecnologias que automatizem os fluxos de trabalho, aumentando a eficiência e proporcionando uma visão mais clara do negócio.

Avaliação de Ferramentas de Automação

O primeiro passo para automatizar processos é avaliar quais ferramentas são adequadas para as necessidades específicas do negócio. Existem diversas soluções de automação disponíveis no mercado, desde softwares de gestão financeira e ferramentas de marketing digital até plataformas de atendimento ao cliente. A escolha das ferramentas certas deve levar em consideração os seguintes fatores:

Funcionalidade: Avalie se a ferramenta atende às necessidades específicas do seu negócio, como gestão de vendas, processamento de pagamentos, controle de estoque ou envio de campanhas de marketing.

Integração: Verifique se a ferramenta pode ser integrada com os sistemas existentes, como o software de CRM, contabilidade ou ERP. A integração evita a duplicidade de dados e melhora a fluidez das operações.

Escalabilidade: Certifique-se de que a solução escolhida pode ser expandida para acompanhar o crescimento do negócio. Uma ferramenta que funciona bem para uma pequena empresa pode não atender às demandas de uma operação em expansão.

Fazer uma pesquisa detalhada sobre as opções disponíveis e testar algumas ferramentas com uma amostra de usuários pode ajudar a escolher a melhor solução para o negócio.

Implementação de Sistemas Integrados

Uma vez escolhidas as ferramentas, é essencial implementar sistemas integrados que conectem todas as áreas do negócio, permitindo que os dados fluam de forma contínua entre os departamentos. Por exemplo, a integração de um sistema de vendas com um software de contabilidade pode automatizar o envio de notas fiscais e o controle de fluxo de caixa, economizando tempo e reduzindo o risco de erros.

A implementação de sistemas integrados oferece uma visão holística do negócio, onde as informações podem ser acessadas em tempo real para tomada de decisões. Essa prática também melhora a comunicação entre as equipes, que passam a ter acesso às mesmas informações, facilitando a colaboração e o alinhamento.

Para garantir o sucesso da implementação, siga estas etapas:

Planeje a Integração: Defina quais sistemas serão conectados e como os dados serão compartilhados entre eles. Crie um cronograma de implementação para garantir uma transição suave.

Teste a Configuração: Antes de lançar os sistemas, faça testes para garantir que tudo funcione conforme o esperado e que os dados sejam transferidos corretamente.

Ajuste Conforme Necessário: Durante a implementação, podem surgir necessidades adicionais ou problemas que exigem ajustes. Seja flexível e adapte a configuração dos sistemas para resolver esses problemas.

Treinamento da Equipe em Novas Tecnologias

A automação só será eficaz se a equipe estiver preparada para utilizar as novas tecnologias. É essencial que todos os colaboradores compreendam as ferramentas e saibam como usá-las para melhorar o desempenho das suas funções. O treinamento é uma parte fundamental desse processo, garantindo que a equipe adote a automação de forma eficaz e aproveite ao máximo os benefícios proporcionados pelas novas tecnologias.

Ao implementar o treinamento, considere os seguintes pontos:

Sessões de Treinamento Práticas: Proporcione oportunidades para que os colaboradores pratiquem o uso das ferramentas durante o treinamento. Isso ajuda a consolidar o aprendizado e facilita a transição para os novos sistemas.

Apoio Contínuo: Ofereça suporte contínuo aos funcionários após o treinamento inicial, garantindo que possam esclarecer dúvidas e resolver problemas rapidamente.

Feedback: Colete feedback da equipe sobre o uso das novas tecnologias para identificar áreas que podem ser melhoradas e adaptar os treinamentos conforme necessário.

O treinamento adequado é o que transforma a automação em uma vantagem competitiva, garantindo que a equipe se sinta confiante e preparada para utilizar os sistemas de forma eficaz.

Exercício Prático: Iniciando a Automação no Seu Negócio

1. Identifique Três Processos Manuais para Automação: Liste três atividades que atualmente são realizadas de forma manual e que consomem muito tempo. Descreva por que essas atividades são adequadas para automação.

2. Pesquise Ferramentas para Automatizar Cada Processo: Para cada processo identificado, pesquise duas ou três ferramentas que possam ser usadas para automatizá-lo. Anote as

funcionalidades de cada ferramenta, seu custo e as possíveis integrações com outros sistemas da sua empresa.

3. Desenvolva um Plano de Treinamento para a Equipe: Elabore um plano para treinar a equipe no uso das novas ferramentas. Inclua o formato do treinamento (presencial, online, etc.), a duração, e os materiais de suporte que serão necessários para ajudar os colaboradores a se adaptarem.

Medindo o Sucesso: KPIs que Importam

Claudio Pinho Junior

"O que não é medido não pode ser gerenciado." - Peter Drucker

Para que uma empresa se torne autogerenciável e sustentável, é essencial medir seu desempenho de forma contínua. Sem métricas claras, é impossível avaliar o progresso, identificar problemas ou tomar decisões informadas. As Key Performance Indicators (KPIs), ou Indicadores-Chave de Desempenho, são ferramentas fundamentais para monitorar os aspectos mais importantes do negócio e orientar o crescimento. No entanto, muitos empreendedores têm dificuldade em definir quais KPIs são mais relevantes para a sua operação e em implementar um sistema eficaz de monitoramento.

Falta de Métricas Claras para Avaliar o Desempenho

Quando uma empresa não mede o desempenho adequadamente, os gestores ficam sem saber se as metas estão sendo atingidas ou se há áreas que necessitam de ajustes. Sem indicadores claros, é difícil identificar os pontos fracos e oportunidades de melhoria. Isso pode resultar em decisões baseadas em suposições ou informações incompletas, o que compromete o crescimento e a eficiência do negócio.

A implementação de KPIs permite acompanhar o progresso de forma objetiva e tomar medidas proativas para corrigir problemas ou explorar novas oportunidades. Para isso, é necessário escolher os indicadores certos e monitorá-los de forma contínua.

Identificando KPIs Críticos para o Negócio

Os KPIs mais relevantes variam conforme o setor e os objetivos da empresa. Para identificar os indicadores mais críticos, é importante entender quais métricas refletem diretamente o sucesso e a saúde do negócio. Ao escolher KPIs, considere os seguintes aspectos:

Financeiro: Indicadores como receita, margem de lucro, fluxo de caixa e custos operacionais são essenciais para monitorar a saúde financeira.

Operacional: Métricas relacionadas à eficiência dos processos, como tempo de ciclo, produtividade e taxa de erros, ajudam a avaliar a eficácia das operações.

Clientes: Indicadores como satisfação do cliente, taxa de retenção e Net Promoter Score (NPS) são úteis para medir a qualidade do atendimento e a fidelidade dos consumidores.

Marketing e Vendas: KPIs como custo de aquisição de clientes (CAC), taxa de conversão e retorno sobre investimento (ROI) em campanhas são críticos para avaliar a eficácia das estratégias de marketing e vendas.

A escolha dos KPIs deve estar alinhada com os objetivos estratégicos do negócio, de modo que os indicadores forneçam informações úteis para guiar as decisões.

Implementando Sistemas de Monitoramento

Após definir os KPIs críticos, o próximo passo é implementar sistemas de monitoramento que permitam acompanhar os indicadores de forma contínua e automatizada. Existem várias ferramentas disponíveis no mercado que ajudam a coletar, organizar e analisar os dados de desempenho, como softwares de CRM, plataformas de análise de marketing e sistemas de ERP.

Para garantir um monitoramento eficaz, siga estas etapas:

Automatize a Coleta de Dados: Sempre que possível, automatize o processo de coleta de dados para reduzir erros e garantir que as informações estejam sempre atualizadas.

Estabeleça Frequência de Monitoramento: Determine com que frequência os KPIs serão revisados (diariamente, semanalmente, mensalmente). A frequência dependerá da natureza do indicador e do setor.

Use Dashboards Visuais: Dashboards são úteis para visualizar os KPIs de forma clara e objetiva. Eles permitem acompanhar o desempenho em tempo real e facilitam a identificação de tendências ou anomalias.

A implementação de sistemas de monitoramento permite que os dados sejam analisados de forma rápida e consistente, proporcionando insights valiosos para o gerenciamento do negócio.

Utilizando Dados para Tomada de Decisões

Os dados coletados por meio dos KPIs são uma ferramenta poderosa para embasar decisões estratégicas e operacionais. No entanto, é fundamental interpretar os dados corretamente e utilizá-los para direcionar ações específicas. Para isso, considere as seguintes práticas:

Análise de Tendências: Avalie as tendências nos KPIs ao longo do tempo para identificar padrões, como picos de vendas em determinados períodos ou aumento na taxa de erros em um processo específico.

Comparação com Metas: Compare os resultados dos KPIs com as metas estabelecidas para avaliar o desempenho e determinar se ações corretivas são necessárias.

Decisões Baseadas em Evidências: Use os dados para tomar decisões informadas, evitando confiar apenas em intuições ou percepções. Por exemplo, se o KPI de satisfação do cliente estiver em declínio, uma análise aprofundada dos dados pode revelar áreas específicas onde o atendimento precisa ser melhorado.

O uso eficiente dos KPIs permite que o empreendedor adote uma abordagem proativa na gestão do negócio, antecipando problemas e aproveitando oportunidades de crescimento.

Exercício Prático: Implementando KPIs no Seu Negócio

1. Defina Três KPIs Relevantes para o Seu Negócio: Escolha três KPIs que sejam críticos para monitorar o desempenho da sua empresa. Considere os aspectos financeiro, operacional e de satisfação do cliente.

2. Estabeleça Metas para Cada KPI: Defina metas específicas para os KPIs escolhidos. As metas devem ser mensuráveis e realistas, com prazos claros para serem alcançadas.

3. Configure um Sistema de Monitoramento: Selecione uma ferramenta para monitorar os KPIs e configure um dashboard que permita visualizar os resultados. Estabeleça uma frequência para revisar os dados e ajustar as metas conforme necessário.

Claudio Pinho Junior

Capítulo 6

Liderança à Distância

Claudio Pinho Junior

"A liderança é a capacidade de traduzir a visão em realidade." - Warren Bennis

A gestão de equipes remotas tornou-se uma realidade cada vez mais comum no mundo dos negócios. Com os avanços tecnológicos e a crescente tendência de trabalho à distância, liderar equipes de forma eficaz exige novas abordagens e habilidades. Embora a gestão de equipes remotas ofereça benefícios como maior flexibilidade e alcance global, ela também apresenta desafios, como a dificuldade de manter a comunicação eficiente, construir confiança e garantir a colaboração entre membros que podem estar dispersos geograficamente.

Gerenciar Equipes Remotas Eficazmente

Gerenciar equipes que trabalham de forma remota pode ser desafiador, especialmente quando se trata de garantir que todos estejam na mesma página, mantendo a produtividade e o alinhamento com os objetivos do negócio. A falta de interações presenciais pode dificultar a comunicação e reduzir a coesão da equipe. Além disso, o trabalho remoto pode levar ao isolamento dos colaboradores, prejudicando o moral e o engajamento. Superar esses desafios exige um esforço consciente para criar um ambiente de trabalho virtual que facilite a colaboração e a comunicação eficaz.

Estabelecendo Protocolos de Comunicação

Para que uma equipe remota funcione de forma eficiente, é crucial definir protocolos de comunicação claros. Isso significa estabelecer regras e diretrizes sobre como e quando a comunicação deve ocorrer, quais ferramentas serão usadas e quais são as expectativas em termos de resposta e disponibilidade.

Algumas práticas para estabelecer protocolos eficazes incluem:

Definir Canais de Comunicação: Utilize diferentes canais para diferentes tipos de comunicação. Por exemplo, use e-mail para comunicações formais, chat para interações rápidas e videoconferência para reuniões mais complexas ou discussões de projetos.

Estabelecer Frequência de Reuniões: Determine a frequência das reuniões de equipe, seja diária, semanal ou mensal, dependendo das necessidades do projeto. As reuniões de check-in regulares ajudam a manter a equipe conectada e informada sobre o progresso das tarefas.

Criar Padrões para Compartilhamento de Informações: Garanta que todos saibam onde os documentos, relatórios e outras informações essenciais estão armazenados e como acessá-los. Isso evita que informações importantes sejam perdidas ou deixadas de lado.

Definir esses protocolos ajuda a manter a comunicação fluida e evita mal-entendidos, permitindo que todos os membros da equipe saibam exatamente o que se espera deles.

Construindo Confiança em Ambientes Virtuais

A construção de confiança em equipes remotas é essencial para garantir a colaboração e o engajamento. Em ambientes presenciais, a confiança é muitas vezes construída por meio de interações espontâneas e contatos informais. Em uma configuração remota, é necessário adotar abordagens específicas para criar um ambiente de trabalho positivo.

Estratégias para construir confiança em ambientes virtuais incluem:

Incentivar a Transparência: A comunicação aberta e transparente sobre o andamento dos projetos, desafios e expectativas ajuda a criar um ambiente de confiança. Certifique-se de que todos os membros da equipe se sintam confortáveis para compartilhar suas opiniões e dar feedback.

Reconhecer e Valorizar Contribuições: Celebre os resultados alcançados e reconheça os esforços dos colaboradores. Reconhecimentos públicos, como elogios em reuniões ou mensagens de agradecimento, reforçam a sensação de pertencimento e valorização.

Estabelecer Relações Pessoais: Promova atividades que permitam que os membros da equipe se conheçam melhor, mesmo à distância. Momentos informais em reuniões, como breves "quebras de gelo" ou conversas informais, ajudam a fortalecer os laços e a criar uma equipe mais coesa.

Essas práticas criam uma cultura de confiança e colaboratividade, mesmo sem a presença física dos membros da equipe.

Utilizando Ferramentas de Colaboração Remota

O uso de ferramentas de colaboração remota é essencial para manter a produtividade e garantir que todos os membros da equipe tenham acesso às informações de que precisam. Existem muitas ferramentas disponíveis que facilitam o trabalho colaborativo, desde plataformas de videoconferência até softwares de gestão de projetos.

Para escolher as ferramentas adequadas, considere os seguintes aspectos:

Facilidade de Uso: As ferramentas devem ser intuitivas e fáceis de usar para que todos possam adotá-las rapidamente.

Integração com Outros Sistemas: Certifique-se de que as ferramentas escolhidas possam ser integradas com outros sistemas que a equipe já utiliza, como plataformas de CRM, ERP ou softwares de automação de marketing.

Funcionalidades Necessárias: Avalie as funcionalidades oferecidas pelas ferramentas, como compartilhamento de arquivos, comunicação em tempo real, videoconferência e gestão de tarefas. Escolha aquelas que melhor atendam às necessidades específicas do negócio.

Ferramentas como Slack, Microsoft Teams, Zoom, Trello, Asana e Google Workspace são comumente usadas para manter a colaboração e a comunicação fluida em equipes remotas. A escolha da ferramenta certa pode ter um impacto significativo na eficiência do trabalho.

Exercício Prático: Melhorando a Liderança à Distância

1. Desenvolva um Protocolo de Comunicação: Crie um plano para os protocolos de comunicação da sua equipe remota, incluindo quais canais serão utilizados, a frequência das reuniões e os padrões para compartilhamento de informações.

2. Planeje uma Atividade para Construir Confiança: Organize uma atividade virtual para promover o relacionamento entre os membros da equipe, como uma sessão de "quebra de gelo" em uma reunião, um jogo

online ou uma atividade colaborativa informal.

3. Avalie as Ferramentas de Colaboração Usadas pela Equipe: Faça uma lista das ferramentas de colaboração que sua equipe utiliza atualmente e avalie se elas atendem às necessidades. Identifique ao menos uma ferramenta nova que poderia melhorar a eficiência e faça um plano para testar essa ferramenta.

Capítulo 7

Cultivando a Autonomia na Equipe

"Trate as pessoas como se elas fossem o que deveriam ser, e você as ajuda a se tornarem o que são capazes de ser." - Johann Wolfgang von Goethe

A autonomia da equipe é um dos pilares fundamentais para a criação de um negócio autogerenciável. Quando os colaboradores são capacitados para tomar decisões e resolver problemas por conta própria, o empreendedor pode se concentrar em questões estratégicas, ao invés de ficar preso ao microgerenciamento. No entanto, muitas equipes desenvolvem uma cultura de dependência, onde os membros esperam por instruções detalhadas ou aprovação para cada decisão, o que limita a eficiência e a proatividade.

Equipe Dependente de Microgerenciamento

O microgerenciamento ocorre quando os líderes supervisionam de perto todas as tarefas, revisando detalhes e tomando decisões que poderiam ser delegadas aos colaboradores. Essa prática não só sobrecarrega o gestor, mas também inibe a criatividade e o desenvolvimento da equipe, criando uma dependência excessiva. Para quebrar esse ciclo, é necessário promover a autonomia, capacitando os colaboradores para assumir responsabilidades e tomar iniciativas.

Desenvolvendo uma Cultura de Responsabilidade

Para cultivar a autonomia na equipe, o primeiro passo é estabelecer uma cultura de responsabilidade, onde todos são incentivados a assumir a propriedade de suas tarefas e decisões. Isso envolve definir expectativas claras sobre o que se espera de cada membro da equipe e criar um ambiente onde o erro seja visto como uma oportunidade de aprendizado, não como motivo de punição.

Algumas práticas para desenvolver uma cultura de responsabilidade incluem:

Estabelecer Metas Claras: Definir metas específicas e mensuráveis para a equipe e os indivíduos, deixando claro como cada um contribui para o sucesso geral do negócio. Isso dá aos colaboradores uma visão clara do impacto de suas ações.

Permitir a Tomada de Decisões: Incentivar os membros da equipe a tomar decisões em suas áreas de responsabilidade, fornecendo diretrizes para que possam avaliar as opções com confiança. Isso aumenta a sensação de pertencimento e responsabilidade pelo resultado.

Reforçar a Propriedade dos Resultados: Celebre os sucessos alcançados pela equipe e também discuta abertamente os erros. Incentivar os colaboradores a refletirem sobre os resultados ajuda a promover o aprendizado e a melhoria contínua.

A responsabilidade deve ser vista como uma parte natural da rotina da equipe, onde cada colaborador entende seu papel e busca sempre se superar.

Implementando Programas de Mentoria

A mentoria é uma ferramenta poderosa para desenvolver a autonomia, pois permite que os colaboradores aprendam diretamente com líderes experientes, adquirindo as habilidades e a confiança necessárias para assumir novas responsabilidades. Implementar um programa de mentoria formal pode acelerar o desenvolvimento dos membros da equipe e preparar futuros líderes.

Para criar um programa de mentoria eficaz, siga estas etapas:

Identificar Mentores e Mentees: Escolha profissionais experientes que possam compartilhar seus conhecimentos e membros da equipe que desejam crescer e assumir mais responsabilidades. O alinhamento entre mentor e mentee é essencial para o sucesso do programa.

Estabelecer Objetivos para a Mentoria: Defina claramente o que se espera que os participantes alcancem com a mentoria. Isso pode incluir o desenvolvimento de habilidades específicas, a preparação para novos desafios ou o aprimoramento de competências de liderança.

Criar um Plano de Acompanhamento: Certifique-se de que os encontros entre mentores e mentees sejam regulares e que haja um acompanhamento do progresso. Ofereça orientações e recursos para ajudar os mentores a orientar de forma eficaz.

Um programa de mentoria bem estruturado não só fortalece as competências da equipe, mas também cria uma cultura de desenvolvimento contínuo, onde o aprendizado é valorizado e incentivado.

Oferecendo Oportunidades de Crescimento

Para que a equipe se sinta motivada a assumir mais responsabilidades, é fundamental que existam oportunidades de crescimento claras e acessíveis. Quando os colaboradores veem que há um caminho para progredir na carreira, estão mais inclinados a se dedicar e a buscar melhorias.

Algumas maneiras de oferecer essas oportunidades incluem:

Desenvolvimento Profissional Contínuo: Promova treinamentos, workshops e cursos que permitam aos colaboradores adquirir novas habilidades e melhorar as competências que já possuem.

Rotação de Funções: Ofereça oportunidades para que os membros da equipe experimentem diferentes funções ou departamentos, ampliando sua compreensão do negócio e aumentando sua adaptabilidade.

Planos de Carreira: Crie planos de carreira estruturados que mostrem claramente como os colaboradores podem crescer dentro da empresa. Isso ajuda a alinhar as expectativas e a motivar a equipe a se esforçar para alcançar novos patamares.

As oportunidades de crescimento devem ser integradas à cultura da empresa, para que todos saibam que o desenvolvimento contínuo é uma prioridade e uma possibilidade real.

Exercício Prático: Fomentando a Autonomia na Sua Equipe

1. Defina Três Metas para Promover a Responsabilidade: Crie três metas claras para incentivar a responsabilidade na sua equipe, especificando as expectativas e como o sucesso será medido.

2. Desenvolva um Programa de Mentoria: Faça um plano básico para implementar um programa de mentoria na sua empresa,

identificando possíveis mentores e mentees, além dos objetivos do programa.

3. Crie um Plano de Oportunidades de Crescimento: Descreva duas ou três iniciativas para oferecer oportunidades de desenvolvimento na sua equipe, como treinamentos específicos, rotação de funções ou um plano de carreira estruturado.

Capítulo 8

Montando um Time de Campeões

Claudio Pinho Junior

"Talentos vencem jogos, mas trabalho em equipe e inteligência vencem campeonatos." - Michael Jordan

A construção de uma equipe de alto desempenho é essencial para que qualquer negócio alcance o sucesso e se mantenha competitivo. No entanto, muitas empresas enfrentam desafios ao tentar atrair e reter os melhores talentos, especialmente em um mercado de trabalho competitivo e em constante mudança. Para formar um time de campeões, é necessário não apenas recrutar as pessoas certas, mas também criar um ambiente que inspire a excelência e valorize o desenvolvimento contínuo.

Dificuldade em Atrair e Reter Talentos de Alto Desempenho

Encontrar pessoas qualificadas é apenas parte do desafio. Uma vez que os talentos são contratados, mantê-los motivados e comprometidos a longo prazo requer uma abordagem proativa para garantir que eles se sintam valorizados e engajados. Quando não há clareza sobre os perfis necessários para cada função, os processos de recrutamento podem se tornar inconsistentes e ineficazes. Além disso, sem um ambiente de trabalho atraente e inclusivo, é difícil reter os melhores talentos e evitar a alta rotatividade.

Definindo Perfis Ideais para Cada Função

Para atrair os melhores talentos, o primeiro passo é definir os perfis ideais para cada função dentro da empresa. Isso significa entender não apenas as habilidades técnicas necessárias, mas também as competências comportamentais e os valores que são compatíveis com a cultura organizacional.

Ao definir os perfis ideais, considere os seguintes aspectos:

Habilidades Técnicas e Experiência: Determine quais qualificações são necessárias para a função. Por exemplo, experiência em determinada ferramenta, conhecimento específico ou certificações.

Competências Comportamentais: Identifique as características comportamentais que são importantes para o cargo. Isso pode incluir capacidade de trabalhar em equipe, resiliência, proatividade ou atenção aos detalhes.

Alinhamento Cultural: Avalie se o candidato se alinha com os valores e a cultura da empresa. O alinhamento cultural é essencial para garantir que o colaborador se sinta integrado e possa contribuir positivamente para o ambiente de trabalho.

Definir perfis detalhados para cada função ajuda a direcionar o processo de recrutamento e aumenta a probabilidade de encontrar pessoas que realmente se encaixam na equipe.

Implementando Processos de Recrutamento Eficazes

Um processo de recrutamento bem estruturado é essencial para garantir a contratação de talentos de alto desempenho. Para isso, é necessário adotar uma abordagem sistemática que vá além da análise de currículos e entrevistas tradicionais, incorporando ferramentas e práticas que ajudem a identificar as melhores opções.

Para implementar processos de recrutamento eficazes, siga estas etapas:

Anúncio de Vagas Atraente e Claro: Crie descrições de vagas que sejam detalhadas e atrativas, destacando os benefícios de trabalhar na empresa, as expectativas para o cargo e o impacto que o colaborador terá. Isso ajuda a atrair candidatos que se alinham aos objetivos da função.

Técnicas de Seleção Variadas: Utilize uma combinação de técnicas para avaliar os candidatos, como entrevistas comportamentais, testes técnicos e dinâmicas em grupo. Isso permite uma avaliação mais completa das habilidades e do potencial dos candidatos.

Entrevistas Estruturadas: Adote um formato de entrevista estruturado, com perguntas previamente definidas para avaliar competências específicas e o alinhamento com os valores da empresa. Isso garante que todos os candidatos sejam avaliados de forma consistente.

A utilização de processos bem definidos para o recrutamento não só melhora a qualidade das contratações, mas também proporciona uma experiência positiva para os candidatos.

Criando um Ambiente que Atraia os Melhores Talentos

Atrair e reter talentos de alto desempenho vai além de um bom salário ou benefícios competitivos. É necessário criar um ambiente de trabalho que inspire os colaboradores a darem o seu melhor, fornecendo oportunidades de crescimento e promovendo uma cultura de reconhecimento.

Algumas práticas para criar um ambiente atraente incluem:

Oportunidades de Desenvolvimento e Crescimento: Ofereça programas de treinamento, coaching e planos de carreira que permitam que os colaboradores cresçam dentro da empresa. Isso demonstra que a organização investe em seu desenvolvimento e se preocupa com o futuro deles.

Reconhecimento e Recompensa: Valorize as conquistas e o desempenho excepcional da equipe. Programas de reconhecimento e incentivos não monetários, como prêmios, elogios públicos e dias de folga, podem ser eficazes para motivar os colaboradores.

Cultura Inclusiva e Aberta: Promova um ambiente onde todas as opiniões sejam respeitadas e onde os colaboradores se sintam confortáveis para compartilhar ideias e sugerir melhorias. A diversidade de pensamentos e experiências enriquece a organização e contribui para um clima de trabalho positivo.

Essas iniciativas ajudam a criar uma empresa onde os melhores talentos desejam trabalhar, ao mesmo tempo em que promovem o engajamento e a satisfação dos colaboradores já contratados.

Exercício Prático: Construindo um Time de Alto Desempenho

1. Defina o Perfil Ideal para uma Função Específica: Escolha uma função dentro da empresa e descreva o perfil ideal, considerando as habilidades técnicas, as competências comportamentais e o alinhamento cultural necessários.

2. Revise o Processo de Recrutamento Atual: Analise o processo de recrutamento existente na empresa e identifique três áreas

que podem ser melhoradas. Proponha mudanças que possam ser implementadas para torná-lo mais eficaz.

3. Desenvolva uma Iniciativa para Melhorar o Ambiente de Trabalho: Planeje uma ação específica para criar um ambiente mais atrativo para os colaboradores, como a implementação de um programa de reconhecimento ou a organização de atividades de desenvolvimento profissional.

Capítulo 9

Domínio do Tempo para Líderes

Claudio Pinho Junior

"O tempo é o recurso mais escasso e, a menos que seja gerenciado, nada mais pode ser gerenciado." - Peter Drucker

A gestão eficaz do tempo é um dos maiores desafios enfrentados por líderes e empreendedores. Com múltiplas demandas diárias, desde a supervisão de equipes até o desenvolvimento de estratégias de longo prazo, é fácil sentir-se sobrecarregado e perder o foco no que realmente importa. Para alcançar um desempenho de alto nível, é essencial dominar a arte de gerenciar o tempo de forma eficiente, priorizando tarefas, estabelecendo rotinas produtivas e eliminando desperdícios.

Gestão Ineficaz do Tempo dos Líderes

Líderes frequentemente enfrentam uma sobrecarga de tarefas e responsabilidades, o que pode resultar em uma gestão ineficaz do tempo. Quando tudo parece urgente, as atividades importantes acabam ficando para trás, e as prioridades se tornam confusas. Essa falta de clareza sobre onde concentrar os esforços pode reduzir a produtividade e causar estresse. Além disso, a falta de organização leva ao desperdício de tempo em tarefas pouco relevantes ou desnecessárias, afastando o líder de questões estratégicas que exigem atenção.

Técnicas de Priorização de Tarefas

A priorização é fundamental para gerenciar o tempo com eficácia. Existem várias técnicas que podem ser utilizadas para definir quais tarefas devem ser abordadas primeiro, baseando-se em sua importância e urgência.

Algumas das técnicas mais eficazes incluem:

Matriz de Eisenhower: Também conhecida como matriz urgente/importante, essa técnica ajuda a categorizar as tarefas em quatro quadrantes:

- Urgente e Importante (deve ser feito imediatamente).
- Importante, mas Não Urgente (deve ser planejado para ser feito em breve).
- Urgente, mas Não Importante (deve ser delegado).
- Nem Urgente Nem Importante (deve ser eliminado ou adiado).

Regra 80/20 (Princípio de Pareto): Esta técnica sugere que 20% das atividades geram 80% dos resultados. Identifique quais tarefas têm o maior impacto e concentre-se nelas. O objetivo é eliminar ou reduzir o tempo gasto nas atividades que não agregam valor significativo.

Método ABCDE: Classifique suas tarefas diárias em cinco categorias de acordo com sua importância:

A: Tarefas que devem ser feitas, pois têm grandes consequências.

B: Tarefas que devem ser feitas, mas com consequências menores se não forem concluídas.

C: Tarefas que seria bom fazer, mas não são essenciais.

D: Tarefas que podem ser delegadas a outra pessoa.

E: Tarefas que podem ser eliminadas sem impacto.

Essas técnicas ajudam a manter o foco nas atividades que realmente importam, garantindo que o tempo seja utilizado de forma mais eficiente.

Implementação de Rotinas Produtivas

Rotinas bem estabelecidas são cruciais para manter a produtividade e evitar distrações. Criar um ritual diário que inclua momentos específicos para planejar, executar tarefas prioritárias e revisar o progresso pode aumentar significativamente a eficiência. Para implementar rotinas produtivas, siga estas sugestões:

Planeje o Dia com Antecedência: Antes de encerrar o dia de trabalho, reserve alguns minutos para planejar o dia seguinte. Isso inclui definir as tarefas mais importantes a serem realizadas e criar uma lista de prioridades.

Blocos de Tempo: Organize o dia em blocos de tempo dedicados a tarefas específicas, como reuniões, trabalho focado ou resolução de problemas. Isso ajuda a evitar a dispersão e a manter o foco em uma única atividade por vez.

Revisões Semanais: Reserve um momento na semana para revisar o que foi feito, avaliar o progresso em relação às metas e ajustar o planejamento das semanas seguintes. As revisões ajudam a identificar áreas de melhoria e a ajustar as prioridades conforme necessário.

Rotinas consistentes fornecem uma estrutura que facilita a execução das tarefas mais importantes e cria um ritmo de trabalho sustentável.

Eliminação de Desperdiçadores de Tempo

Desperdiçadores de tempo são atividades que consomem energia e atenção, mas não agregam valor ao negócio. Identificar e eliminar essas distrações é essencial para liberar mais tempo para o que realmente importa. Alguns desperdiçadores comuns incluem:

Reuniões Ineficazes: Evite reuniões sem uma agenda clara ou propósito específico. Sempre que possível, substitua reuniões longas por chamadas rápidas ou e-mails, e limite a duração das reuniões para garantir objetividade.

Interrupções Constantes: Minimize as distrações, como notificações de e-mails e mensagens instantâneas. Estabeleça horários específicos para verificar as comunicações, em vez de interromper o trabalho constantemente.

Multitarefa: Evite tentar fazer várias tarefas ao mesmo tempo. Concentre-se em uma atividade por vez para garantir que ela seja concluída com qualidade e eficiência.

Reduzir ou eliminar essas atividades que consomem tempo libera o líder para focar nas questões mais importantes e estratégicas.

Exercício Prático: Melhorando a Gestão do Tempo

1. Aplique a Matriz de Eisenhower às Suas Tarefas Atuais: Faça uma lista das tarefas que precisa realizar e classifique-as na matriz de Eisenhower. Identifique quais devem ser feitas imediatamente, quais podem ser planejadas para mais tarde, o que pode ser delegado e o que pode ser eliminado.

2. Crie uma Rotina Diária de Blocos de Tempo: Organize o seu dia em blocos de tempo

dedicados a diferentes tipos de atividades (trabalho focado, reuniões, planejamento). Experimente essa rotina por uma semana e avalie os resultados.

3. Identifique Três Desperdiçadores de Tempo e Faça um Plano para Eliminá-los: Liste três atividades que estão consumindo muito do seu tempo e desenvolva estratégias para minimizá-las ou eliminá-las.

Agilidade nos Negócios

"Não é o mais forte que sobrevive, nem o mais inteligente, mas o que melhor se adapta às mudanças." - Charles Darwin

No cenário atual de negócios, a capacidade de adaptação é essencial para a sobrevivência e o crescimento. A rigidez organizacional e a falta de flexibilidade em processos podem tornar a empresa lenta e incapaz de responder rapidamente às mudanças do mercado. Em um ambiente de constantes transformações, adotar uma abordagem ágil pode proporcionar a agilidade necessária para enfrentar desafios e aproveitar novas oportunidades.

Rigidez Organizacional em um Mundo em Rápida Mudança

A rigidez organizacional ocorre quando os processos e estruturas de uma empresa são inflexíveis, dificultando a resposta rápida a mudanças no ambiente externo. Isso pode resultar em perda de oportunidades, atraso na entrega de produtos ou serviços e dificuldade em se manter relevante no mercado. Organizações que operam com modelos tradicionais de gestão muitas vezes enfrentam desafios para se adaptar a novas demandas, pois os processos são lineares e as mudanças são lentas.

A agilidade organizacional, por outro lado, permite que as empresas se adaptem rapidamente, sejam proativas em relação às mudanças e mantenham a eficiência. Para isso, é necessário adotar práticas que priorizem a flexibilidade e a melhoria contínua.

Implementando Metodologias Ágeis na Gestão

As metodologias ágeis são abordagens de gestão de projetos e processos que se concentram em entregas rápidas, feedback constante e adaptação a mudanças. Inicialmente desenvolvidas para a indústria de software, essas metodologias podem ser aplicadas em qualquer setor para aumentar a eficiência e a capacidade de adaptação.

Alguns princípios das metodologias ágeis incluem:

Iterações Curtas e Incrementais: Em vez de planejar um projeto inteiro de uma vez, divida-o em pequenas etapas ou sprints. Isso permite que a equipe entregue resultados mais rapidamente e faça ajustes conforme necessário.

Priorização de Tarefas: Concentre-se nas atividades que geram mais valor para o cliente e o negócio. Reavalie as prioridades regularmente para garantir que a equipe esteja sempre trabalhando nas tarefas mais relevantes.

Autonomia das Equipes: Promova a auto-organização e a colaboração, permitindo que as equipes tomem decisões rápidas e se adaptem às mudanças com maior facilidade.

A implementação de metodologias ágeis na gestão promove maior dinamismo e permite que as empresas respondam rapidamente às necessidades do mercado.

Criando Ciclos de Feedback Rápidos

Ciclos de feedback rápidos são essenciais para ajustar processos, produtos e serviços com base em informações atualizadas e na experiência dos usuários ou clientes. Ao obter feedback constante, a empresa pode identificar problemas rapidamente e ajustar suas estratégias antes que eles se agravem.

Para criar ciclos de feedback eficazes, considere as seguintes práticas:

Reuniões de Revisão e Retrospectiva: Realize revisões regulares para discutir o que funcionou bem e o que pode ser melhorado em cada projeto ou sprint. Isso permite ajustes rápidos e contínuos.

Feedback dos Clientes: Coleta frequente de feedback dos clientes, seja por meio de pesquisas, entrevistas ou análises de comportamento. Use essas informações para guiar o desenvolvimento de produtos e serviços.

Análise de Dados em Tempo Real: Utilize ferramentas de análise de dados para monitorar o desempenho e identificar tendências emergentes. Isso ajuda a ajustar estratégias com base em evidências, não em suposições.

Ciclos de feedback rápidos proporcionam uma abordagem proativa para a melhoria contínua, mantendo a empresa sempre alinhada com as necessidades do mercado.

Fomentando uma Cultura de Inovação Contínua

A agilidade nos negócios exige uma cultura de inovação que incentiva a criatividade e a experimentação. Para manter essa mentalidade, é importante criar um ambiente onde a busca por novas ideias seja incentivada e onde os erros sejam vistos como parte do processo de aprendizado.

Estratégias para fomentar a inovação contínua incluem:

Incentivo à Experimentação: Permita que as equipes testem novas ideias em pequena escala antes de implementá-las amplamente. Isso ajuda a identificar soluções viáveis rapidamente, sem comprometer grandes recursos.

Programas de Ideias e Sugestões: Crie mecanismos para que todos os colaboradores possam compartilhar ideias de melhorias, e recompense aqueles cujas sugestões forem implementadas com sucesso.

Espaço para o Desenvolvimento Criativo: Reserve tempo para atividades que incentivem o pensamento criativo, como hackathons, workshops de inovação ou reuniões para geração de ideias.

A promoção de uma cultura de inovação contínua faz com que a organização esteja sempre pronta para se adaptar e evoluir, mantendo-se relevante em um ambiente competitivo.

Exercício Prático: Aumentando a Agilidade no Seu Negócio

1. Planeje a Implementação de um Sprint Ágil: Escolha um projeto ou processo para implementar um sprint ágil. Divida-o em etapas menores, defina a duração do sprint (por exemplo, duas semanas) e estabeleça metas claras para cada etapa.

2. Crie um Ciclo de Feedback para um Projeto Atual: Escolha um projeto em andamento e defina uma rotina de feedback regular, como reuniões semanais de revisão e coleta de feedback dos clientes. Faça um plano para utilizar essas informações na melhoria do projeto.

3. Inicie um Programa de Ideias na Equipe: Desenvolva um programa de sugestões para incentivar a equipe a apresentar ideias para melhorias. Estabeleça uma forma de avaliar e implementar as sugestões mais viáveis, além de reconhecer e recompensar os colaboradores.

Capítulo 11

Comunicação que Transforma

"A comunicação é a habilidade de garantir que você seja entendido exatamente como pretende." - Jim Rohn

A comunicação eficaz é fundamental para o sucesso de qualquer empresa. Ela é a base para o alinhamento de objetivos, a execução eficiente de tarefas e a construção de uma cultura organizacional saudável. No entanto, falhas de comunicação são comuns em ambientes corporativos e podem gerar mal-entendidos, erros, perda de produtividade e até mesmo conflitos. Para transformar a comunicação em uma ferramenta poderosa, é necessário estabelecer canais eficazes, implementar rituais que garantam o fluxo constante de informações e promover uma cultura de transparência e feedback.

Falhas de Comunicação Prejudicando a Eficiência

A comunicação ineficaz pode assumir várias formas, desde informações que não chegam aos colaboradores, passando por mensagens confusas, até a ausência de canais apropriados para a troca de feedback. Essas falhas resultam em retrabalho, falta de alinhamento e perda de oportunidades. Em muitos casos, as empresas não definem padrões de comunicação claros, o que leva à dispersão das informações e ao aumento de ruídos. Para superar esse problema, é necessário adotar práticas que garantam que as informações fluam de maneira eficiente e que todos os membros da equipe estejam bem informados.

Estabelecendo Canais de Comunicação Eficazes

A escolha dos canais de comunicação adequados é essencial para garantir que as informações cheguem ao destinatário certo, no momento certo e com a clareza necessária. Diferentes tipos de comunicação exigem diferentes canais, dependendo do conteúdo e do público-alvo. Algumas práticas para estabelecer canais de comunicação eficazes incluem:

Definir Canais para Tipos Específicos de Comunicação: Utilize e-mail para comunicações formais e de longo prazo, ferramentas de mensagens instantâneas para interações rápidas e videoconferências para discussões detalhadas ou reuniões importantes.

Utilizar Plataformas Colaborativas: Ferramentas como Slack, Microsoft Teams ou Google Workspace facilitam a troca de informações em tempo real e permitem a integração de diferentes funcionalidades, como chat, videoconferência e compartilhamento de arquivos.

Centralizar Informações Importantes: Tenha um local específico para armazenar e compartilhar documentos relevantes, como políticas da empresa, manuais de procedimentos e atualizações importantes. Isso pode ser feito por meio de uma intranet ou uma plataforma de gestão de conhecimento.

Estabelecer canais bem definidos reduz a confusão sobre onde e como as informações devem ser compartilhadas, garantindo que todos os colaboradores saibam onde encontrar o que precisam.

Implementando Rituais de Comunicação

Rituais de comunicação são práticas regulares e padronizadas que garantem o fluxo constante de informações e mantêm a equipe alinhada. Eles são especialmente importantes em empresas onde os projetos são dinâmicos ou as equipes trabalham de forma remota ou híbrida.

Para implementar rituais de comunicação eficazes, considere os seguintes exemplos:

Reuniões de Alinhamento Diário (Daily Stand-Up): Reuniões curtas, geralmente de 15 minutos, onde a equipe discute o que foi feito no dia anterior, o que será feito no dia atual e quais são os obstáculos. Isso garante que todos estejam cientes do progresso e das prioridades.

Revisões Semanais: Reuniões semanais para revisar o progresso das metas e discutir o planejamento para a semana seguinte. Essas revisões ajudam a identificar gargalos e ajustar o planejamento conforme necessário.

Reuniões de Feedback e Retrospectivas: Rituais mensais ou trimestrais onde a equipe reflete sobre o que funcionou bem e o que pode ser melhorado. Essas reuniões promovem a melhoria contínua e garantem que a equipe esteja sempre buscando maneiras de se aprimorar.

Rituais de comunicação estabelecidos promovem consistência e ajudam a manter o foco da equipe, evitando que informações importantes sejam perdidas.

Promovendo Transparência e Feedback Constante

A transparência é um dos componentes mais importantes para a criação de uma cultura organizacional saudável. Quando os colaboradores têm acesso a informações relevantes e estão cientes das decisões tomadas pela liderança, a confiança aumenta e o engajamento se fortalece. O feedback constante também é fundamental para que todos saibam como estão desempenhando suas funções e onde podem melhorar.

Para promover a transparência e o feedback constante, adote estas práticas:

Compartilhe Metas e Resultados: Informe regularmente a equipe sobre o andamento dos projetos, o progresso em relação às metas e os resultados alcançados. Isso pode ser feito por meio de atualizações semanais ou relatórios mensais.

Estimule o Feedback Bidirecional: Crie canais para que os colaboradores possam dar feedback à liderança, além de receberem feedback sobre seu desempenho. Isso pode ser feito por meio de pesquisas de clima organizacional, sessões de feedback ou caixas de sugestões.

Reconheça e Celebre os Sucessos: Quando a equipe ou indivíduos alcançarem metas importantes, reconheça os resultados publicamente. Isso fortalece a cultura de valorização e reforça a importância de manter a comunicação clara e aberta.

Essas práticas criam um ambiente de trabalho onde as informações são compartilhadas de forma honesta e o feedback é visto como uma ferramenta de crescimento, não como crítica.

Exercício Prático: Melhorando a Comunicação na Empresa

1. Avalie os Canais de Comunicação Atuais: Faça uma análise dos canais de comunicação utilizados atualmente na empresa e identifique áreas que podem ser melhoradas. Determine quais canais precisam ser atualizados ou substituídos.

2. Implemente um Ritual de Comunicação: Escolha um dos rituais de comunicação mencionados (daily stand-up, revisões semanais, reuniões de feedback) e implemente-o com sua equipe. Defina uma frequência e um formato e avalie os resultados após um mês.

3. Crie um Plano para Aumentar a Transparência: Desenvolva um plano para compartilhar informações de maneira mais transparente com a equipe, como relatórios de desempenho mensais ou um quadro de comunicação interna. Inclua maneiras de obter feedback dos colaboradores sobre o que está sendo compartilhado.

Capítulo 12

O Futuro é Agora: Mantendo-se à Frente

Claudio Pinho Junior

"O melhor momento para plantar uma árvore foi há 20 anos. O segundo melhor momento é agora." - Provérbio Chinês

Em um mundo de constantes mudanças, manter um negócio relevante e competitivo exige proatividade e uma visão de futuro. A incapacidade de se adaptar rapidamente às mudanças do mercado pode levar à obsolescência, enquanto empresas que se antecipam às tendências e cultivam uma mentalidade de aprendizado contínuo permanecem à frente. Neste capítulo, discutiremos como desenvolver uma cultura de aprendizado contínuo, antecipar as mudanças no mercado e adaptar constantemente o modelo de negócio para garantir que a empresa se mantenha competitiva no longo prazo.

Manter o Negócio Relevante e Competitivo no Longo Prazo

Com o ritmo acelerado das inovações e a rápida evolução das preferências dos consumidores, as empresas enfrentam o desafio de se manterem atualizadas e prontas para lidar com as novas demandas do mercado. Aquelas que se apegam a práticas antigas ou resistem à mudança acabam perdendo espaço para concorrentes mais ágeis e inovadores. Para evitar a estagnação, é fundamental adotar uma abordagem dinâmica e adaptável, onde o aprendizado contínuo e a antecipação de tendências se tornam parte do dia a dia.

Cultivando uma Mentalidade de Aprendizado Contínuo

Para se manter competitivo, é essencial que o negócio e seus colaboradores estejam sempre em busca de novos conhecimentos e habilidades. Uma mentalidade de aprendizado contínuo significa adotar a ideia de que o crescimento e a melhoria nunca terminam, e que todos devem se comprometer a aprender algo novo regularmente.

Algumas práticas para promover o aprendizado contínuo incluem:

Incentivar o Desenvolvimento Profissional: Ofereça treinamentos, workshops e acesso a cursos online que permitam aos colaboradores desenvolver novas habilidades e aprofundar conhecimentos. Isso pode ser feito através de uma política de reembolso para educação ou programas internos de desenvolvimento.

Promover o Aprendizado em Equipe: Realize sessões regulares de compartilhamento de conhecimentos, onde os colaboradores possam apresentar o que aprenderam em conferências, cursos ou livros. Isso ajuda a disseminar novos conhecimentos em toda a organização.

Fomentar a Curiosidade: Incentive os colaboradores a fazer perguntas, explorar novas ideias e se manter atualizados sobre as últimas tendências e inovações em suas áreas de atuação.

Quando o aprendizado contínuo é parte da cultura organizacional, a empresa se torna mais resiliente e capaz de se adaptar rapidamente às mudanças.

Antecipando Tendências de Mercado

Antecipar tendências de mercado significa estar atento aos sinais de mudança no ambiente externo e ajustar as estratégias antes que as mudanças se consolidem. Isso exige uma abordagem proativa, que inclui monitorar as novidades do setor, analisar o comportamento dos consumidores e acompanhar os movimentos dos concorrentes.

Para antecipar as tendências com eficácia, considere as seguintes práticas:

Monitoramento de Tendências e Inovações: Utilize ferramentas de inteligência de mercado, participe de eventos e acompanhe publicações especializadas para ficar por dentro das últimas novidades. Isso permite identificar oportunidades e ameaças antes dos concorrentes.

Análise de Dados e Comportamento do Consumidor: Use dados para entender as necessidades e preferências dos clientes. Ao analisar padrões de compra e feedbacks, é possível prever mudanças nas expectativas e ajustar a oferta de produtos ou serviços.

Benchmarking Regular: Avalie o desempenho dos concorrentes e adote boas práticas que possam ser aplicadas ao seu negócio. Isso ajuda a identificar lacunas e oportunidades de melhoria.

Antecipar tendências permite que a empresa tome medidas proativas para adaptar suas estratégias, em vez de reagir de forma tardia às mudanças do mercado.

Adaptando Constantemente o Modelo de Negócio

Para se manter competitivo, é essencial adaptar o modelo de negócio de acordo com as mudanças nas condições de mercado e as novas demandas dos clientes. Isso não significa mudar a identidade da empresa, mas sim ajustar as abordagens para se manter relevante e atender às expectativas em constante evolução.

Algumas formas de adaptar o modelo de negócio incluem:

Diversificação de Produtos e Serviços: Expanda o portfólio de ofertas para atender a diferentes segmentos de mercado ou necessidades emergentes. A diversificação pode ajudar a reduzir riscos e explorar novas fontes de receita.

Inovação em Modelos de Receita: Considere novas formas de monetização, como assinaturas, modelos freemium ou serviços complementares. Isso pode gerar fluxos de receita adicionais e aumentar a fidelidade do cliente.

Flexibilidade Organizacional: Mantenha uma estrutura organizacional que permita mudanças rápidas.

Isso pode incluir a criação de equipes ágeis para desenvolver novos projetos ou ajustar processos operacionais para ganhar eficiência.

Adaptar constantemente o modelo de negócio garante que a empresa se mantenha relevante e possa explorar novas oportunidades à medida que elas surgem.

Exercício Prático: Preparando a Empresa para o Futuro

1. Desenvolva um Plano de Aprendizado Contínuo para a Equipe: Identifique três áreas de conhecimento em que a equipe pode se beneficiar de treinamento e desenvolva um plano para oferecer oportunidades de aprendizado. Considere cursos, workshops ou sessões de treinamento interno.

2. Monitore uma Tendência Emergente em Seu Setor: Escolha uma tendência ou inovação que esteja ganhando força no setor e faça uma análise do

impacto que ela poderia ter em seu negócio. Proponha ações que possam ser implementadas para aproveitar a tendência ou mitigar os riscos.

3. Avalie o Modelo de Negócio Atual e Proponha Ajustes: Faça uma revisão do modelo de negócio da empresa, considerando oportunidades de diversificação ou novos modelos de receita. Identifique uma mudança que poderia melhorar a competitividade e desenvolva um plano de ação para implementá-la.

Conclusão

Sua Jornada Para um Negócio Autogerenciável

Ao longo deste livro, exploramos estratégias e práticas para transformar seu negócio em uma operação autogerenciável. A jornada para alcançar esse objetivo exige dedicação e uma abordagem estruturada, mas os benefícios são inegáveis: mais liberdade para o empreendedor, maior eficiência operacional e uma equipe motivada e capaz de funcionar independentemente. Nesta conclusão, vamos recapitular os principais pontos abordados, propor um plano de ação para a implementação das mudanças e refletir sobre a visão para o futuro do empreendedorismo.

Recapitulação dos Principais Pontos

Arquitetando Seu Negócio Autogerenciável: Começamos estabelecendo a importância de definir uma visão clara e identificar processos-chave para automação, a fim de reduzir a dependência das operações diárias.

O Poder dos Processos Eficientes: A consistência e a padronização dos processos são essenciais para a escalabilidade do negócio. Mapeamento, eliminação de gargalos e documentação garantem que as operações fluam sem entraves.

A Arte da Delegação Eficaz: A delegação de tarefas permite que os líderes se concentrem em atividades estratégicas. Criar uma estrutura clara para delegação e superar o medo de perder o controle são passos fundamentais.

Automatizando para o Sucesso: A automação de tarefas manuais e a implementação de sistemas integrados ajudam a otimizar recursos e aumentar a produtividade.

Medindo o Sucesso: KPIs que Importam: Monitorar o desempenho através de KPIs é crucial para tomar decisões informadas. Os indicadores corretos fornecem uma visão objetiva do progresso e das áreas que precisam de atenção.

Liderança à Distância: Com equipes remotas se tornando uma realidade, adaptar práticas de gestão para garantir a comunicação, a confiança e a colaboração continua é mais importante do que nunca.

Cultivando a Autonomia na Equipe: Promover uma cultura de responsabilidade e oferecer oportunidades de crescimento contribuem para o desenvolvimento de equipes autônomas.

Montando um Time de Campeões: Recrutar e reter os melhores talentos requer definir perfis ideais, implementar processos de seleção eficazes e criar um ambiente atraente para os colaboradores.

Domínio do Tempo para Líderes: A gestão eficaz do tempo é essencial para que os líderes se concentrem no que realmente importa, utilizando técnicas de priorização, rotinas produtivas e eliminação de desperdícios.

Agilidade nos Negócios: A adaptação rápida a mudanças e a implementação de metodologias ágeis são fundamentais para manter a competitividade em um mercado dinâmico.

Comunicação que Transforma: Estabelecer canais adequados, implementar rituais de comunicação e promover a transparência são práticas que garantem o fluxo de informações e o alinhamento da equipe.

O Futuro é Agora: Mantendo-se à Frente: Cultivar uma mentalidade de aprendizado contínuo, antecipar tendências e adaptar constantemente o modelo de negócio são ações essenciais para se manter competitivo no longo prazo.

Plano de Ação para Implementação

Para que as ideias apresentadas neste livro sejam implementadas de forma eficaz, siga estas etapas:

Avaliação Inicial: Faça uma análise detalhada do estado atual do seu negócio, identificando pontos fortes, áreas de melhoria e processos críticos que precisam de atenção imediata.

Estabeleça Prioridades: Com base na avaliação, defina as áreas que devem ser abordadas primeiro. Priorize ações que tragam um impacto significativo e rápido para a operação.

Desenvolva um Cronograma: Crie um plano com prazos realistas para a implementação das mudanças, envolvendo a equipe e garantindo que todos estejam cientes das etapas e metas a serem alcançadas.

Capacite sua Equipe: Forneça treinamentos e recursos para que sua equipe possa adotar novas práticas com confiança. A mudança de cultura é tão importante quanto as mudanças operacionais.

Monitore e Ajuste: Utilize KPIs para acompanhar o progresso e ajuste o plano conforme necessário. A melhoria contínua deve ser um princípio orientador, adaptando as estratégias de acordo com os resultados obtidos.

Reavalie Regularmente: A cada seis meses ou um ano, revise o progresso das implementações e ajuste as prioridades. A flexibilidade e a capacidade de adaptação são fundamentais para um negócio autogerenciável.

Visão para o Futuro do Empreendedorismo

O empreendedorismo está em constante evolução, e o futuro promete ainda mais mudanças aceleradas impulsionadas pela tecnologia, novos modelos de trabalho e um mercado globalizado. Para prosperar, os empreendedores precisam adotar uma postura de aprendizado contínuo, estar abertos à inovação e manter a capacidade de adaptação.

O conceito de negócios autogerenciáveis será cada vez mais importante, pois a demanda por flexibilidade e qualidade de vida cresce entre os profissionais. Empresas que abraçam essa filosofia, capacitando suas equipes e criando processos ágeis e escaláveis, estarão melhor posicionadas para enfrentar os desafios e aproveitar as oportunidades do futuro.

A jornada para transformar um negócio em uma operação autogerenciável não é simples, mas é um caminho que traz recompensas duradouras. Empreendedores que se dedicam a essa jornada estão plantando as sementes para o sucesso de longo prazo, cultivando uma organização resiliente, capaz de crescer e prosperar independentemente dos desafios que surgirem.

www.ingramcontent.com/pod-product-compliance
Lightning Source LLC
Chambersburg PA
CBHW052210220526
45471CB00004B/1903